그대 내게 올 수 없지만

Though You Cannot Come to Me

그대 내게 올 수 없지만

Though You Cannot Come to Me

이광운

현대시학시인선 121

ㅎ|ㅅ

이광운

경북 영천 출생.
저서 『휘트먼의 시적 상상력』(우수학술도서 선정)을 비롯한 다수.
논문 월트 휘트먼, D. H. 로렌스, 로버트 프로스트, 로버트 블라이 등
연구 논문 60여편이 있음.
대구가톨릭대학교 영문과 교수, 문과대학장 역임.
현재 대신대학교 신학대학원 특임교수.

kwlee@cu.ac.kr

※ 서문

 시집 낼 생각을 하지 않았다. 대학에서 영미시를 이십여 년을 가르쳤으나 시작 활동을 한 적이 없으니 당연하다. 집사람과 사별 후 공허감에 예전 일기장을 들추다가 발견한 여러 단상을 여동생에게 읽어 주었는데 동생은 의외로 강력한 독자가 되어 주었다. 이에 힘을 얻어 최근 쓴 몇몇 편과 함께 모아보니 내 삶의 궤적이 드러나 보였다. 여기 수록된 것들은 맨얼굴로 나지막하게 중얼거리는 개인적인 독백 혹은 고백적인 것이 대부분이므로 해설 없이도 쉽게 읽을 수 있을 것이다.

 책 발간을 위해 바쁘게 보낸 시간은 공허감을 이겨내는 큰 힘이 되었다. 이 책이 이별의 상실감으로 고통 중에 있는 독자 여러분에게 작은 위로의 메시지가 되었으면 한다.

차례

* 서문

I

봄 햇살에게 To the Spring Sunshine	14
사라진 더듬이 A Lost Feeler	16
이슬은 Dews	18
망각 Oblivion	19
나비 Butterflies	20
히야신스 Hyacinth	22
순간의 공포 The Moment of Fear	24
빵 한 덩이 A Loaf of Bread	26
사랑으로 With Love	28
연인들 Lovers	29
봉선화 Garden Balsam	30
내 사랑은 My Love	31
촛불점화 Candle Lighting	32
아네모네 Anemone	33
아스피린 Aspirin	34
동박새 A Silvereye	36

종달새 1 Skylark 1	38
미련 1 Lingering Attachment 1	42
미련 2 Lingering Attachment 2	43
미련 3 Lingering Attachment 3	44

II

수치의 무게 The Weight of Shame	46
모기 Mosquito	48
밤낚시 풍경 Night Fishing Scenery	50
사과나무 Apple Tree	51
날지 않는 어미 오리 Mother Duck Flies Not	52
어린 가시 Young Thorns	54
물 뿌리기 Watering	55
하루살이 Mayflies	56
굴뚝새 A Wren	58
부용꽃 Cotton Rose Flower	60
철쭉 Royal Azalea	64

소싸움 Bull Fight	66
둥근 과일들도 Round-shaped Fruits	68
개미 1 Ants 1	70
낮달 The Daymoon	71
바다로 가는 기차 Train to the Sea	72
적반하장 On the Contrary	73
도로공사 현장 Road Construction Site	74
개미 2 Ants 2	76
그림자 Shadow	78
개미 3 Ants 3	80
유효기간 The Expiration Date	82
봄눈 Snow in the Spring	84
장끼 A Cock Pheasant	85
잎새들 Leaves	86
장마비 Monsoon Rain	87
귀뚜라미 Crickets	88

III

복숭아밭 Peach Orchard	90
그대 내게 올 수 없지만 Though You Cannot Come to Me	92
혼돈 Confusion	94
모래무지 The Goby Minnow	96
바람 부는 날 A Windy Day	100
물새 한 마리 A Waterfowl	102
닻과 덫 Anchor and Snare	103
선인장 Cactus	104
노래하는 새 A Singing Bird	106
이사 Moving out	108
잊혀진 공간 Forgotten Space	110
무당벌레 The Ladybug	112
그 꽃 The Flower	114
꼬마물떼새 Little Ringed Plover	115
작은 벌레 A Small Bug	116

종달새 2 Skylark 2	118
덕장에 걸린 명태는 Pollacks Hanging on the Fish Flake	120
종달새 3 Skylark 3	122
풍경 Scenery	124
소넷 1 Sonnet 1	126
소넷 2 Sonnet 2	128

❋ 해설 1   130
서정적 온기, 생명과 사랑의 시학
| 최서림(시인)

❋ 해설 2   148
쉽고 짧지만 긴 여운을 주는 시, 현대판 순애보 사부인곡을 만나다
| 손수여(시인·문학평론가)

I

봄 햇살에게

허락도 없이

내 안방에 들어와

서성대는

봄 햇살에게

목례한다

당신은 언제나

반가운 님이라는

마음을 담아

To the Spring Sunshine

I greet the

Spring sunshine

Hanging about

My room

Without permission

With a heart

That you are

Always welcome.

사라진 더듬이

큰 개미를 가지고
놀던 어린 시절
잰걸음으로
달아나려다
붙들린 개미
한쪽 더듬이가
떨어지면
가던 길을 돌이켜
내 앞에서 맴돌곤 했지
지금 그대 앞에
서성이는 그림자 하나
더듬이 잃은 곤충 같네

A Lost Feeler

It was in my childhood

when I played with

long-legged ants as friends.

I grabbed an ant

that was running away

from me with a quick step,

and when I took off

one of its feelers

it would turn around

and hover in front of me.

Now I am circling

in front of you. I wonder

who has removed one of my

feelers before you?

이슬은

조그만 수정 전구들 이슬방울은

아침 햇살로 반짝이다,

이내 사라진다 제 몸의 열기로

Dews

Small crystal light bulbs, the dews on the grass,

Glistening with the morning sun, disappearing

With the heat of your own bodies.

망각

아이가 내게 묻는다

잊어버리는 것은

지워지는 것인지

숨어 있는 것인지를

Oblivion

A child asks me:

Is to forget to be

Erased or to be hidden?

나비

꽃잎에 생채기 하나 내지 않고
가는 곳마다 예사로
새 생명을 나누어 주는 너
기도하듯 날개를
모았다 펴기를 되풀이한다

Butterflies

You give new life

Without leaving a single scar

On the flower petals you visit.

You fold and unfold

Your wings repeatedly

As if you were praying.

히야신스

너의 이름을 부르면

향기로 응답한다

작은 알몸에 돋아난 무수한 열꽃

제 몸보다 더 크게 부풀어 오르다

제 무게로 내게 살며시 기대어 온다

Hyacinth

When I call your name,

You respond with scent.

Countless red eruptions sprouting on

A small naked body

Swelling up getting bigger than

Your own body. Then you softly lean on me

With your own weight.

순간의 공포

조용한 숲속 무덤 근처
억새는 흔들리는 넋을 다스리고 있었다
갑자기 짧게 절박하게 지르며
달아나는 비명
은밀한 숲속으로 재빨리 달아난
산 짐승의 모습은 무엇에 놀랐을까?
내 발자욱 소리 어디에
소스라친 두려움 묻어 있었나?
한순간, 공포는 확 당겨진 불,
무덤 근처 낮은 숲을 활활 태우는
적막의 숲을 물어뜯는 불이었다

The Moment of Fear

The autumn silver grass was governing

The waving spirit near the grave in the quiet forest.

Suddenly a short desperate shriek was running away.

What surprised the look of the mountain animal that fled

Quickly into the secret forest?

Where was the appalling fear buried in my footsteps?

At one moment, fear was a blazing fire.

It was a fire gnawing at the silent forest burning the

Low grass near the grave.

빵 한 덩이

책가방에 넣어두고 잊어버린 빵 한 덩이
꺼내니 개미들이 새카맣게 달라붙어 있다
사방공사 현장 인부들처럼 분주한 이들의 일상은
거칠게 흔들거리다가 살의마저 감돌았다
하지만 목적지를 찾아가는 이들의 확고한 더듬이와
견고한 걸음걸이는 말 없는 설교로 비틀대는 나의 시야를
교정해 주었다 나는 떼개미를 그들의 일터이자
일용양식인 빵 덩이를 개미집 가까이에 풀어 놓았다

A Loaf of Bread

I put a loaf of bread I bought yesterday in my school bag and I forgot. When I took it out, the ants were stuck inside making it all black. The daily lives of busy ants, like the workers at the erosion control site working on the mountain ridge, were shaken violently for a moment, and there was even death intent in the air. However, the steady movements and steadfast gait of those seeking their destination persuaded me with wordless sermons, changing my mind. Finally, I released these swarms near their nest along with the loaf of bread, their work and daily bread,

사랑으로

볏단은 볏짚으로 묶듯

철근은 철사로 묶듯

사람은 사랑으로 묶는다

With Love

As sheaves of rice

Are tied with rice straw

And rebars are with wire

People are, with love.

연인들

큰물로

부풀지 않으면

만날 수 없는

마주보는

두 강둑

Lovers

Two riverbanks facing

Each other that cannot

Meet unless they are swollen up

With large amounts of water.

봉선화

황홀한 파열을 기다리는

조그만 분홍 풍선들

부풀어 오른다

Garden Balsam

Small pink balloons,

Waiting for ecstatic burst,

Are swelling up.

내 사랑은

잠들어도 키가 크는 아이처럼

자라나고 있다, 내 사랑은

My Love

Like a child growing up

Even in sleep, my love is.

촛불점화

수 없이 제 살을

떼어 주고도

즐거운 듯 춤추고 있다, 촛불은

Candle Lighting

The candlelight dances Happily

Even after giving a piece of its flesh

Countless times.

아네모네

시든 아네모네여!
나는 분명 네 존재의
정점을 기억하고 있다

Anemone

O withered anemone!
I surely remember
Your days of pinnacle.

아스피린

아스피린을 화병에 넣어두면
국화꽃이 오래 간다고 한다
그래서 나는 아스피린
몇 알을 가루로 만들어
그 사람이 가져온 꽃에
뿌리고 내 마음을
잘 저어 두었다

Aspirin

They say chrysanthemums

    last longer

If you put some aspirin

    in the vase.

So I ground a few aspirin pills

And put them in the vase she brought

Stirring my mind well.

동박새

담장 장미 가지에 올라
연신 파르르 몸을 털고 있다
동박새 한 마리, 떨쳐버릴 죄가
온몸에 묻어 있다는 듯이

A Silvereye

Perching on a branch of rosebush

Near the fence,

A silvereye keeps shaking its body

As if its whole body is covered with

Guilt to cast off.

종달새 1

 열 살짜리 소년은 방과 후면 마음이 들판에 가 있었다 그의 집 근처 들판에서 종달새를 잡는 것을 좋아했다 초등학교 시절 방과 후면 밖에서 살다시피 했다 종달새의 신비스러운 노래는 그를 매료 시켰고 어미 새 한 마리를 사로잡았을 때 말할 수 없는 기쁨을 누렸다

 소년은 새 둥지 찾는 법을 배울 수 있었다 가끔은 알이 든 둥지를 찾았고 때로는 아기 새들이 있는 둥지를 찾았다 다음에 할 일은 어미 새를 잡는 것이었다 그는 새를 잡는 것이 사랑하는 마음에서 나오는 것이라 착각했다 어미 새를 잡았을 때 상상할 수 있는 모든 즐거움을 소유한 사람 같았다

"새야, 이제 너는 나와 함께 있어!
나는 너를 위한 멋진 집이 있단다
새집 속에서 자유롭게 살도록 해 줄 거야
이게 너의 집이야, 너에게
물과 음식을 줄게

난 네가 필요한 모든 것을

줄 수 있다는 것을 알기 바래

아마도 너는 친구들이 있는

들판에 가고 싶겠지.

그러면 내가 가끔 들판에

데려다줄게.

새야, 노래를 좀 불러 줄 수 있겠니?

오 새여, 밖에 나가고 싶은 게로구나

날개를 너무 세게 파닥이지 마.

다치면 안 돼.

너는 네 알들을 원하는구나, 그렇지?

좋아, 네 집에 알들을 넣어 줄 거야

오 새여, 난 네가 있어 행복해.

너도 나처럼 행복하기를 바래"

Skylark 1

A ten-year-old boy let his mind go off to the field, thinking school was over. In the open field near his house, he loved to catch skylarks. The mysterious song that the birds sing captivated the boy's heart. What a great thing it was for him to catch one of them.

The boy was able to find the bird's nest. Sometimes he found eggs in it, and sometimes young birds. The next thing he thought of doing was to catch the mother bird. He deluded himself into believing that the desire sprang from his deep love of the bird. When a mother bird was in his hand, he felt as if he was grasping all the joyous things imaginable.

"Now you are with me, bird!
I have a very lovely cage for you.
I will set you free in the cage.
This is your home now and I will

Give you food and water.
I want you to know that I can
Give you everything you need.
Maybe you want to be in the field
With your friends;
Then I will take you to the
Field sometimes,
Won't you sing for me, bird?
Oh, bird, I see you want to get out.
Please don't flap your wing so hard.
Please don't hurt yourself.
You want your eggs, is that it?
See, I will put them in your home.
Oh, bird, I am happy with you.
Please be happy just like me."

미련 1

미라가 되도록

꽃대에서 떨어질 줄 모르는

금새우난 꽃잎 하나

Lingering Attachment 1

One petal of island golden calanthe

That falls not from the flower stalk

Until it is mummified.

미련 2

죽어서도 펴지 못하는

메마른 손마디

벽을 움켜쥐고 풍화되는

담쟁이덩굴

Lingering Attachment 2

Dry knuckles that cannot be

Straightened even in death,

Ivy being weathered

Clinging to the wall.

미련 3

이승을 뜨지 못한 혼령들의

긴 흐느낌,

갈대 소리

Lingering Attachment 3

The long sobbing of the spirits

That could not leave this world,

Sound of reeds.

II

수치의 무게

 부끄러움을 모르는 시대에 양심의 소리가 나타났다
 역도 선수 장미란은 어느 세계 선수권 대회에서 라이벌인 상대 선수가 실수해 주기를 간절히 바란 적이 있었다고 고백했다 그런 경험이 없는 운동선수가 있긴 할까? 그녀는 자신만 알고 있는 부끄러움에 괴로워했다 그녀는 상대 선수도 준비한 만큼 최선을 다할 수 있도록 해 달라고 남몰래 기도 올렸다 부끄러움의 무게를 떨쳐버릴 줄 안 그녀는 무거운 바벨을 가뿐히 들어 올릴 수 있었다

The Weight of Shame

A true voice of conscience has appeared in an age of shamelessness.

Jang Mi-ran, a famous weightlifter, once said that she desperately wanted her opponent to make a mistake at a world championship. She was so ashamed of herself because of the secret shame. The next moment, she prayed that her opponent would do her best as much as she has prepared. Knowing how to shake off the weight of shame, she was able to lift the heavy barbell.

모기

어스름 불빛에 책을 펼치는데
어디선가 뾰족한 대나무 끝처럼
찌르는 예리한 소리가
측면으로 돌격해 온다
내리친 코오팅 처리된 책 표지에
붉은 목숨이 묻어 있다
휴지로 닦은 모기의 시간은 흔적 없다
세상은 여전하기만 하고

Mosquito

Opening a book in the twilight glow

From somewhere, a sharp sound

Stabbing like the tip of a bamboo spear

Attacks on the side.

When I hit it with a laminated book,

On the cover of it

Lay a smudge of reddish life.

The mosquito's time, wiped with a tissue,

Is nowhere, and the world remains the same.

밤낚시 풍경

호수 표면에 떠 흔들리던 반달

벌레처럼 꿈틀거리다

황소개구리 한 마리

풍덩 뛰어들어

달을 삼켰다

Night Fishing Scenery

The halfmoon squirming like a worm

Is floating on the surface of the lake.

A bull frog swallows up the moon

Falling into the water with a sploosh.

사과나무

제 손으로 진딧물 한 마리 몰아낼

독기 하나 없는 사과나무는

온몸에 농약을 하얗게 뒤집어쓰고서야

하얀 꽃을 송이송이 달고 있구나

Apple Tree

The apple tree, not being poisonous

As to drive out a single aphid with its

Own strength, is wearing white flowers only

After being covered with poisonous pesticides

All over its body.

날지 않는 어미 오리

아카시아 향기가 저녁을

설레게 하는 가로수길

물길 따라 나온 야생오리 가족

열 지어 길을 나선다

거추장스런 물갈퀴로

각자의 무게를 나르는 아스팔트 위

총성 같은 경적 소리,

총구처럼 쏟아지는 헤드라이트 불빛,

놀란 새끼오리들의 헛 날갯짓,

그래도 어미 오리는 날지 않는다

뒤처진 새끼 오리가

상처 흘린 길을 다 건너자

차를 세워 밀려오는 위험을

묶을 줄 안 어미 오리는

풀어지는 교통체증을 지켜보고 있었다

Mother Duck Flies Not

The tree-lined avenue is busy with the

Scent of acacia that excites the evening.

A group of wild ducks coming out to find

A waterway are walking on the road in a row.

I hear horns like gunshots on the paved street,

Each duckling carrying its own weight with

Cumbersome webbed feet.

Even when the ducklings flutter their wings,

Frightened by the headlights pouring

Out like muzzles, the mother duck does not fly.

When the ducklings, who had been following last,

Arrived at the grassy shed by the roadside,

The mother duck, who knew how to tie

Up the rushing danger, is quietly watching the

Traffic jam being solved.

어린 가시

이른 봄에 돋아난

가시나무의 어린 가시들

새순같이 보드랍다

Young Thorns

Young thorns in early spring

From the thorn bush are as soft

As new buds.

물 뿌리기

오래전 일기를 다시 본다

시든 식물이 살아나듯

잠든 사랑이 부시시 깨어난다

Watering

Reading my diary written

Long ago wakes my love up from

The long slumber like watering

The withered plants.

하루살이

일몰 시간

하루살이들이 공중에서

온몸으로 바삐 쓰고 있다

무수한 암호를

한없이 쓰고

서둘러 지울 것이 있다는 듯이

Mayflies

In the twilight,

Mayflies are busily

Writing something in the air

With their whole bodies.

As if they have something

To erase quickly

After writing endlessly

Their numerous secret codes.

굴뚝새

유년의 해질 무렵

앞마당에 쌓아둔

장작더미 속으로

날아든 굴뚝새 한 마리

나의 잠든 기억 멀리 저편에

여전히 웅크리고 있네

A Wren

It was when I was a boy

In the country.

In the twilight, I saw a wren

Coming into a pile of firewood

In my front yard.

I never saw it coming

Out of it. The wren still crouches

On the other side of my memory.

부용꽃

애써 남으로 향한

가지에 여문 부용 꽃씨를

영혼의 뒷 뜨락에 뿌리면서

파란 숨결로 기도하는

한 조각 하늘을 떼어 뜰에 놓는다

취한 하늘 저편

몇 광주리 별들은

뜰 여기저기에 버려져 있고

언젠가 한 가슴

검은 피로 흐르는 날

파란 하늘은 뜰을 떠날지니

굳어버린 모가지를 하고서

네 집 담벽에 기대선 꽃

먼 길 나그네의 흐린 눈망울에

한 송이 부용을 보여 주어라

그리고 나그네의 목이

비로소 움직일 때

꽃은 시들어도 좋다

* **시작 노트**
이 시는 고3 때 쓴 것으로 계성학교 교지에 실린 것을 여기에 그대로 옮겨 놓았다. 당시 학교 온실에서 가꾸었던 부용꽃은 천상으로 안내하는 길잡이 천사처럼 여겨졌다. 이 땅에 내려온 하늘 조각이 땅에서 사명을 다한 후에 천상으로 돌아간다는 의미를 담고자 했던 것으로 기억된다.

Cotton Rose Flower

While scattering the seeds

    of cotton rose flower, which

    have grown from the branch

    facing south, on the back porch

    of my soul, I take a piece of sky

    that prays with blue breath

    and place it in the garden.

A few baskets of stars from

    that piece of sky were dumped here

    and there in the garden.

Someday, on the day when my

    heart flows with black blood,

    the sky will leave the yard.

On that day, show a bunch of cotton rose

    flowers to the dim eyes of the traveler,

    the stiff-necked traveler leaving for the final journey

the flower leaning against the wall of your house.

And when the traveler's neck finally moves,

the flowers may wither,

철쭉

지난겨울은 추운 날이 많았다
베란다에 내어놓은 꽃들이
거반 얼어 죽었다

잡초에 온몸이 포위된 채
한 겨울을 난 철쭉만 살아남아
파릇한 새잎을
봄 햇살에 반짝이고 있다

Royal Azalea

Last winter had many cold days and

Most of the plants in the back porch

Were frozen to death.

Only the royal azalea surrounded

By weeds saw the winter through.

And its new leaves are

Glistening in the spring sun.

소싸움

딸아이의 그림
〈청도 소싸움〉속
두 마리 황소는
포옹하듯
서로의 목덜미를
감싸고 있다

Bull Fight

In the picture of

my daughter

"Cheongdo Bull Fight,"

The two oxen are

wrapping around

each other's nape as if

hugging each other.

둥근 과일들도

새알이 부화되듯

둥근 과일들도

보이지 않는 날개로

품어 주어야

익어간다

당신도 큰 날개 안에서

참사람으로

다시 깨어난다

Round-shaped Fruits

As birds incubate eggs

With their whole bodies,

For the fruits to be ripened

Viewless wings have to brood.

To help you to be born again,

The Spirit has to brood you.

개미 1

날개 없어도

추락의 공포를

완벽하게 극복한

그 가벼움

Ants 1

The lightness

That perfectly overcomes

The fear of falling down

Even with no wings.

낮달

바람 불어도

흩어지지 않는

창백한 조각구름

The Daymoon

A thin, pale cloud that

Does not dissipate even

When the wind blows.

바다로 가는 기차

꼬리 흔들며
헤엄쳐 가는
기다란 큰 물고기
요나가 된
꿈을 꾸는 승객들

Train to the Sea

A large fish that is
Swimming into the sea
Wagging its tail.
Passengers dreaming of
Becoming Jonah.

적반하장

지하실 모퉁이에

한 줄기 빛으로

드러난 먼지 기둥

빛의 반란이라고?

On the Contrary

A pillar of dust

Revealed by a ray of light

On the corner of the cellar,

Is this a rebellion caused by light?

도로공사 현장

몇 걸음 수풀 속으로
기어갈 수 있다면
감출 수도 있으리라
하얗게 드러난 뼈의 상처를

꼬리 끊어주고도
제자리 떠나지 못하는
낮게 엎드린
등 퍼런 도마뱀 한 마리

Road Construction Site

If it can crawl a few steps

Into the bush,

It might be able to

Hide its broken bones.

A large lizard with a

Blue back lying low and

Being unable to leave its place

Even after cutting off its tail.

개미 2

어제 죽인 개미들이
몇 놈은 책갈피 위로
바삐 기어가고
몇몇은 내 손등을
깨물고 있다
더러는 내 바지자락에도
붙어 있다
아무리 들여다보아도
어제 죽은 그놈들이 틀림없다

Ants 2

The ants I killed yesterday

   come to life, and some of

Them are busy crawling over the

   bookmarks, and some are biting

   the back of my hands.

Still some are even stuck to the

Hem of my pants.

No matter how closely I take a

Look at them, they are the ones

   who died yesterday.

그림자

아파트 마당에

나를 따라나선

그림자 서넛

분주하다

어느 것이

참 나인가

Shadow

Three or four shadows

Following me

In the yard

Of the apartment

Are busy.

Which is my true self?

개미 3

종아리에 기어오르는

긴 다리 검정 개미 한 마리

무심코 떼어 던지니

하얀 철쭉 위에 떨어져

꽃잎 둘레를 맴돌고 있다

꽃잎에 생채기 하나 없다

Ants 3

I inadvertently tossed

A long-legged black ant

That was climbing on my leg

And it landed on a white azalea

And circled around the petals,

Leaving no trace of scratch

On the petals.

유효기간

냉장고 속 소시지 한 묶음
유효기간이 며칠 밖에
남지 않았다

그분이 명시해 두었을까
이 몸의 유통기한도
나는 손바닥을 살펴본다

The Expiration Date

A bundle of sausages in the refrigerator

   has only a few days left

   before the expiration date.

Did he specify the shelf life of my body?

I take a look at my palm.

봄눈

겨울 가지에

성급히 피어난

철없는 노란 개나리

Snow in the Spring

Immature yellow forsythia

Blooming without season

On an empty branch

In early winter.

장끼

눈에 띄도록 진한 분장을 하고도
  제 짝의 시력이 못 미더워
    큰소리로 외친다
      꿔~엉 꿔~엉
        여기 있는데 여기 있는데

A Cock Pheasant

Even with dark makeup to stand out,
  Not trusting his partner's eyesight,
    Making a loud noise,
      'Kkoo~yung Kkoo~yung'
        Here I am, here I am.

잎새들

떡갈나무 잎들은

수다를 멈추지 않을 것이다

한마디 진실은 감춘 채

찬바람이 이들의 혀를 떨어뜨릴 때까지

Leaves

The oak leaves won't

Stop chattering until

The cold wind

Drops their tongues,

The truth not being told.

장마비

온몸에 열기가 퍼지면

면역되지 않은

슬픔이

부산하게 움직인다

출구를 찾아서

Monsoon Rain

When the heat spreads

Throughout the body,

The sadness that is not immune

Moves wildly looking for an exit,

귀뚜라미

낮에 지은

죄 때문에

한밤에 잠 깨어

울고 있구나

Crickets

You are crying waking up

In the middle of the night

For the sins you have committed

During the day.

III

복숭아밭

지난봄에 함께 왔던

청도 산비탈 복숭아밭

"무릉도원이 따로 없네."라고

말 건넬 사람은 간 곳 없네

늘상 내 등 뒤에서

콧노래 부르던 그 사람*은

이제 보이지 않네

맑은 날인데도 화려한 꽃조차

흐릿하기만 하고

기쁨도 설렘도 사라졌네

* 지병으로 세상을 먼저 떠난 나의 아내 조수경 권사(1959. 12. 1~2022. 11. 26)

Peach Orchard

The peach blossoms are in full bloom

In the peach orchard we visited last year

On a hilly mountain in Chongdo.

But I see her no longer to whom I speak:

"It's like a fairyland, isn't it?"

She who used to be humming behind my back

Is not seen anywhere.

Though it is sunny, even the fancy flowers

Look dim and the joy

And the thrill are all gone.

그대 내게 올 수 없지만

그대 내게로

올 수 없지만

나는 그대에게

갈 수 있어

그대 만나러가네

  오늘도

  내일도

  그날까지

Though You Cannot Come to Me

Though you cannot

   come to me,

I can come to you.

I am coming to meet you

   Today,

   Tomorrow, and

   Until that day.

혼돈

분홍노루귀며
청노루귀
꿩의바람꽃 피고
진달래 피듯

이팝나무꽃
아카시아
찔레꽃 지고
밤꽃 피던
절기가

이제 헝클어졌네
사월 꽃이
삼월에 벌써 져
벌들은 일손 놓고
넋 잃은 나비도
날개를 접네

Confusion

Azalea blooms after flowering

Pink hepatica, green hepatica and

Anemone raddeana,

And the chestnut trees bloom

After withering fringe trees,

Acacia trees and briars.

But now the seasonal change

Got messed up

And April flowers have already fallen

In March, which makes the bees let

 Go of their work.

Even the frantic butterflies

Have folded their wings.

모래무지

가슴 파고 드는
모래무지
숨어라 꼭꼭
모래 허물 허물
물살에 씻기운다

두 손으로 수없이
끌어 올리는 가슴팍에
꼬리 보이면
차라리 모래여!
밀려 나가라

핏빛 흐르는 강
머리를 내민 너
서산 해가 구워낸
노을인들 어떠랴

해가 지기 전

모래펄 찾는

네 시야에

아른거리는 물살

차오르다 차오르다

하늘 아래 꺾인다

The Goby Minnow

The goby minnow

Digging into my chest,

Hide yourself well in the sand.

Sand is being washed away

By the stream.

If you see the tail on my chest

Moving up countless times

With my hands,

O sand, be pushed away.

In the red river,

Sticking out your head,

Is it the sunset

The western sky baked?

Current of water, glimmering

In your view looking for sands

Before sunset, rises up and up

And subsides under the sky.

바람 부는 날

베란다 열린 창으로
봄바람 불어
킹벤자민과 자스민이
잎새 흔들어
살아있음을 알린다
잎이 두꺼운
소엽풍란은 미동도 없다
바람 불어도 무심한
새끼거북들은
현자들처럼
눈을 지그시 감는다
바람이 내 머리칼을 흔든다
어디서 와서 어디로 가는지
알지 못하는 바람이여!
나를 그대의 친구로 삼아주오
창밖에는 날개 달린 봄꽃 씨앗들이
어린 바람의 손짓에도 길 따라나서고

A Windy Day

Spring breeze blows

Through the open veranda window,

Shaking the leaves of king benzamine

And jasmine announcing that

That they are alive.

Small-leaf aerides with thick leaves

Are motionless.

The baby turtles, unaware of the wind,

Close their eyes gently like

Wisemen in their meditation.

The wind shakes my hair.

O wind, thou know not

Where thou come from and where thou go,

Be my friend. Outside the window,

The winged spring flower seeds follow the road

At the beckoning of the young wind.

물새 한 마리

해질녘 얼어버린 호숫가

물새 한 마리 울고 있다

모든 것을 놓아버린 그 사람처럼

A Waterfowl

At dusk on a frozen lake

A waterfowl is letting out a wail

Like the man renouncing the world.

닻과 덫
— 00년 봄 백두대간에서 덫에 걸려 불에 타죽은 삵에게

숲 속 은밀한 그 자리

오! 닻인줄 알았더니

덫이었구나

Anchor and Snare
— To a wild cat caught in a snare and burned on
  Baekdudaegan Mountain Range in the Spring, 2,000

A secret place in the forest,

She thought it was an anchor but

It turned out to be a snare.

선인장

사막의 붉은 선인장꽃이

뭉툭한 벌꿀박쥐 주둥이로

짓이겨져 떨어진 자리

아기 선인장 하나

손가락을 내밀고 있다

Cactus

A baby cactus is peeping out

At the spot where the cactus flower

In the desert, mashed

By the blocky beak

Of a honey bat, fell.

노래하는 새

황조롱이가

자신의 목을 노리는

순간에도

방울새는

노래 부르고 있다

삼나무 가지 위에서

A Singing Bird

The linnet

Is singing

Even when

The kestrel

Is aiming for

Its throat.

이사

빈 의자 하나
모퉁이에 남겨놓고
이사 떠난 길 가

텅 빈 문방구점
들며 날며
낯익은 공간이
이 저녁 낯설다

Moving Out

Leaving an empty chair

At the corner,

The blank stationery that moved,

Now at the corner of the street,

Seeing it coming in and going out,

The familiar space looks

Unfamiliar tonight.

잊혀진 공간

철조망 속 공간은

도달할 수 없는 우주다

마음 아픈 공간이다

단과대 건물 계단 옆

위험 방지를 위해

쳐 놓은 쇠 거물 안쪽은

세상 밖 공간이다

Forgotten Space

The space inside the barbed wire

Is an unreachable outer universe.

It is a heartbreaking space.

The inner part of the wire gauze

Placed next to the stairs

Of a college building to prevent danger

Is a space outside the world.

무당벌레

창틈에서 탈출하려

이리저리 틈새를 찾고 있던

무당벌레를 살려주려했다

가까이 다가가자 놀라 벽으로

기어오르다가 수 없이

떨어져 뒤집힌 채 발버둥쳤다

그때마다 그놈은 날갯짓으로

몸을 일으켜 세우려해도

뒤집혀진 제 몸 추스르지 못한다

내 손가락을 거부하는 매끈한 날개 껍질

핀셋으로 집어 올려 갈색 잔디밭에

풀어놓자 등 굽은 마른 풀잎 하나

얼른 그놈을 숨겨주었다

The Ladybug

I tried to save the ladybug

That was looking for a crack

   here and there

To escape from the window.

As I approached it, it climbed up

The wall and fell numerous times,

Turning upside down struggling.

The bug flapped its wings and tried to rise,

But it couldn't straighten its upturned body.

When I picked up the obtected wing

That rejected my fingers with tweezers

And released it on the brown lawn,

A curved dry blade of grass

Quickly helped it to hide inside her.

그 꽃

꽃은 더 이상

말을 하지 않는다

빛깔로 향기로

할 말을 다했기 때문이다

The Flower

The flower talks no more.

As it has already said everything

With its color and scent.

꼬마물떼새

늦가을 해질녘 꼬마물떼새

숨죽인 울음소리

귓전에 크고 뚜렷하게 내려앉는다

Little Ringed Plover

At dusk in late fall,

The subdued cry of little ringed plover

Is digging down into my mind clearly.

작은 벌레

책상 위에 날아와 앉은
작은 벌레 한 마리
죽은 시늉을 한다
여전히 꼼지락대는
앞다리는 난 이미 죽었으니
두 번 죽이지 말아 달라는
당부 같다
네 속마음을 쉽게
들키는 걸 보니 너도 꽤나
순진한 무리에 속하나 보다
너와 나는 이미 대화를
튼 사이이므로 손으로
집어 풀밭 속에 풀어 놓는다

A Small Bug

The small bug flew in

And sat on my desk

Pretending to be dead.

It looked like an entreaty

Not to kill it twice.

Seeing your mind

Was easily read,

You belong to the party

Of innocence.

So now you and I are on

Speaking terms, and I pick

You up and set you free.

종달새 2

삶이 참 무미한 날에는

먹이를 물고

서둘러

둥지로 돌아가는

어미 새의 눈빛을

바라보자

Skylark 2

When our lives seem meaningless,

Why don't we look at the eyes

Of a mother bird

Flying back to her nest

With a prey

In her beak?

덕장에 걸린 명태는

밤에 얼었다가

낮에 녹는 과정을

수 없이 반복하여

북어가 된다는데

수시로 변하는 그대의

몸 상태 따라

안도와 긴장을 반복하는

이 몸은 무엇이 될까

Pollacks Hanging on the Fish Flake

Become dried pollacks

By repeating the process

Of being frozen and thawed,

However, what am I going to be

Through this process

Of relief and tension

Depending on her physical condition?

종달새 3

알을 품다 잠시 휴식한 후
둥지로 돌아가는 어미 새의 표정은
    따듯하다
먹이를 물고 서둘러
둥지로 돌아가는 어미 새의 표정은
    신성하다
그대는 언제나 바삐 둥지로 날아가는
한 마리 어미 새였소

Skylark 3

The mother bird's look, sitting on eggs

When she returns to her nest

After a short rest,

    Is warm.

The mother bird's look, taking care of

The baby birds, returning hurriedly

To her nest, carrying prey in her beak,

    Is divine.

She was always like the mother bird

Returning hurriedly to the nest.

풍경

풀숲은 붉은머리오목눈이 날갯짓으로 소란하고
꽃덤불은 벌 나비를 안고 춤을 추네
산들바람은 숲속 노루귀 꽃잎을 간질이고
아카시아 향기는 길손을 멈추게 하네
둥지 속 노랑턱멧새는 온 산을 품고
새끼 꿩들은 개울물 흐르듯 어미 까투리
뒤를 졸졸 따라가네
나른한 오후 봄 동산이 꾸벅꾸벅 졸고 있네
그대가 깊이 잠든 이곳은

Scenery

The thicket wavers with the wings

Of the small birds and the flowering bush

Is drowsy with bees and butterflies.

The gentle breeze tickles the hepatica

Flower and the fragrance of acacia

Stops a traveler. A yellow-throated bunting

In her nest is embracing the hill and the

Baby pheasants following the hen pheasant

Roll like a fast-flowing brook. The garden

Where she is asleep is dozing off in the lazy

Afternoon with the spring fever.

소넷 1

저 봄꽃들도 내 마음 서럽게 하네

함께 바라볼 수 없으니

사방을 둘러보아도 낯선 땅

낯선 사람들뿐 고적이 낳은

위로만이 마음을 달래주네

그러니 그대 꿈속에 찾아와

시린 가슴을 쓸어 주시구려

그대 말고 누가 이 공허를 채우리?

우리 사랑은 아직도 아기 새 같은데

내 마음은 벌써 빈 둥지라오

눈물로 나의 눈물병을 채우니

지옥 같은 이 땅에서 쉼은 없을 것이오

   흐린 눈을 들어 그대 모습 그려 본다오

   그러면 그때까지 얼마의 평안을 누릴 수 있기에

Sonnet 1

Those vernal flowers are so foreign to me

'Cause you are not here with me.

Turn whichever way I look,

All I see is strangers and foreign land.

Only the consolation that the solitude bore

Comforted my mind. So visit me in my dream

And lay your hand on my poignant heart.

Who but you will fill this void?

The love we shared is carefree as young birds,

But my heart is already vacant as an empty nest.

The vase of my tears is being filled

Night and day in this land like hell that offers no rest.

    So I lift up my blurry eyes and try to see your image.

    Then I will certainly have some peace of heart.

소넷 2

그리움의 커튼이 내 마음 방에

자줏빛 황혼을 드리울 때면

내 가슴은 수많은 지층을 뚫고 솟아오른

온천수처럼 뜨거운 수증기를 뿜어냅니다

그대 향한 마음이 무거워져

퇴적암이 되었나니 그대 없는

내 가슴은 침식되어 버릴 것 같소

나는 겨울나무처럼 앙상하고

초승달처럼 야위었으니

사랑으로 보름달 같기를 원하오

때가 되면 우리 고향 집에서 해후할 것이니

내 사랑의 옷을 입고 지내시구려

   그대는 나의 나무가 여름에는 잎이 무성해지고

   가을이면 많은 열매를 맺는다는 것을 알고 있으니

Sonnet 2

When the curtains of yearning are hanging

A purple twilight in my mind's room,

My heart emits vapour like a hot spring

That comes out of many a stratums.

My love for you has become a sedimentary rock

From the sediments of love,

My heart without you will erode away.

I am as bare as a tree in winter,

My heart is as thin as a crescent moon.

With love I wish it to be a full moon.

We will meet in due time at home,

Wait for me wearing a garment of my love until then.

   For you know my tree will be leafy in summer

   And bear much fruit in autumn every year.

시작노트

여기에 수록된 두 소넷은 미국 유학 시절 셰익스피어 시간에 과제로 쓴 것들이다. 36년 전 사정상 아내와 서로 떨어져 살 때 썼던 소넷이 사별 후에 느끼는 마음과 거의 일치하므로 그대로 원문과 함께 수록한다.

※ 해설 1

서정적 온기, 생명과 사랑의 시학

최서림(시인)

1. 종달새와 소년 시인

며칠 전 대구 파동에 살고 계신 이광운 시인께 안부 삼아 근황을 물었더니 집 근처 뒷산에다 현미며 잡곡을 뿌려놓고 돌아온다고 했다. 6월 중하순이라 산에 사는 짐승들이 먹을 게 별로 없다고 생각했을 것이다. 이광운 시인은 식물, 동물 가릴 것 없이 생명 있는 것에 관해 많은 사랑을 가지고 몸소 실천하는 사람이다. 그중에서도 조류, 조류 중에서도 특히 지금은 주변에서 잘 볼 수 없는 종달새를 사랑하는 마음이 대단하다. 소년 시절 그는 학교만 마치면 각종 조류를 관찰하고 그들을 쫓아다니며 들판에서 살다시피 했다. 그는 새 둥지를 찾기도 하고 어린 새나 어미 새를 잡아다가 집에서 길러보기도 했다.

소년 시인 이광운이 사랑한 것은 두 눈으로 보고 귀로 듣고 생생하게 살아있는 생명체로서의 종달새이다. 친구처럼 가족처럼 지내고픈 새이다. 아름다운 노랫소리보다 종달새가 지닌 생명체로서의 온기를 더 사랑한 것이다. 셸리 같은 영국의 낭만파 시인들은 종달새가 지닌 생명의 온기보다는 종달새의 아름다운 노랫소리에 초점을 맞추었다. 그리고 종달새의 아름다운 노랫소리가 천상의 세계까지 도달할 가능성에다 초점을 맞추었다. 영국의 낭만파 시인들이 주로 종달새를 이데아 세계에 도달할 관념적 상징물로 해석했다면, 소년 시인 이광운은 손으로 잡을 수 있는 구체적으로 살아있는 종달새, 종달새의 온기와 생명의 파닥거림과 그 촉감을 사랑한 것이다. 이렇게 종달새를 친구처럼 가족처럼 사랑한 것이 훗날 시인 이광운을 탄생시킨 것이다.

"새야, 이제 너는 나와 함께 있어!
나는 너를 위한 멋진 집이 있단다.
새집 속에서 자유롭게 살도록 해 줄 거야.
이게 너의 집이야, 너에게
물과 음식을 줄게
난 네가 필요한 모든 것을
줄 수 있다는 것을 알기 바래
아마도 너는 친구들이 있는
들판에 가고 싶겠지.
그러면 내가 가끔 들판에
데려다줄게.

새야, 노래를 좀 불러 줄 수 있겠니?
오 새여, 밖에 나가고 싶은 게로구나
날개를 너무 세게 파닥이지 마.
다치면 안 돼.
너는 네 알들을 원하는구나, 그렇지?
좋아, 네 집에 알들을 넣어 줄 거야
오 새여, 난 네가 있어 행복해.
너도 나처럼 행복하기를 바래"
―「종달새 1」부분

이광운 시인의 말에 의하면 이 작품은 시인이 성인이 되어 과거를 회상하면서 쓴 시다. 열 살짜리 소년은 방과 후면 마음이 온통 들판에 가 있었다. 그의 집 근처 들판에서 종달새를 잡는 것을 좋아했다. 초등학교 시절 방과 후면 들판에서 거의 살다시피 했다. 종달새의 신비스러운 노랫소리는 그를 완전히 매료시켰고 어미 새를 사로잡았을 때는 말로 표현할 수 없을 정도로 황홀함을 누렸다.

워낙에 새를 좋아하고 사랑하다 보니 소년은 새 둥지 찾는 방법까지 터득할 수 있었다. 가끔은 알들이 들어 있는 새 둥지를 찾을 수 있었고, 때로는 새끼 새들이 있는 둥지도 찾아낸 적이 있었다. 마지막에 할 일은 어미 새를 잡는 것이었다. 어린 소년은 새를 잡는 것이 새를 사랑하는 마음에서 나오는 것으로 생각했다. 어미 새를 잡았을 때는 상상할 수 있는 모든 즐거움을 소유한 사람 같았다.

비록 조숙한 면은 보이나 열 살짜리 소년으로서는 종달새를 집에서 키울 수 없었을 게 분명하다. 아무리 애정을 다 해 키웠을지라도 야생 조류를 새장 안에서 키울 수는 없는 것이다. 소년은 마지막 숨을 몰아쉬는 새들의 모습을 속절없이 바라보곤 했다. 이는 새를 살리기 위해 최선을 다해도 어쩔 수 없는 소년에게 비애의 감정과 삶과 죽음에 대해 골똘히 생각하게 했다.

공중 높이 솟아올라 아름다운 목소리로 노래하는 종달새는 소년을 신비의 세계로 이끄는 매개체 역할을 했을 것이다. 이리하여 종달새는 소년에게 막연한 동경의 대상이었고, 생명 있는 것들에 대한 사랑을 일깨워주었고, 죽음의 세계와도 마주치게 했으며, 천상을 지향하는 마음의 눈을 뜨게 한 존재였다. 소년은 어릴 적부터 종다리의 강한 모성, 사랑, 죽음 등을 접하면서 자신도 모르게 근원적인 사유를 하였을 것이다. 그리고 자기 안에다 어린 시인을 키워 왔을 것이다.

애써 남으로 향한
가지에 여문 부용 꽃씨를
영혼의 뒷 뜨락에 뿌리면서
파란 숨결로 기도하는
한 조각 하늘을 떼어 뜰에 놓는다

취한 하늘 저편

몇 광주리 별들은

뜰 여기저기에 버려져 있고

언젠가 한 가슴

검은 피로 흐르는 날

파란 하늘은 뜰을 떠날지니

굳어버린 모가지를 하고서

네 집 담벽에 기대선 꽃

먼 길 나그네의 흐린 눈망울에

한 송이 부용을 보여 주어라

그리고 나그네의 목이

비로소 움직일 때

꽃은 시들어도 좋다

—「부용꽃」전문

  이 시는 이광운 시인이 고3 때 쓴 작품이다. 계성고등학교 교지에 실린 것을 이 시집에다 그대로 옮겨 놓은 것이다. 사춘기 때 쓴 시답게 미숙하나마 순수한 진정성이 보이는 작품이다. 그리고 당시 청소년기의 정서나 정신세계를 살펴볼 수 있는 중요한 자료가 된다.

  시인의 기억에 의하면, 당시 미션스쿨이었던 계성고등학교 온실에 부용꽃 나무가 있었다. 무궁화꽃을 닮은 아름답고 고귀하게 생긴 부용꽃은 마치 순결한 사춘기 청소년을 천상 세계로 인도하는 천사처럼 여겨졌다. 이 땅에 내려온 하늘 한 조각이 지상에서의 사명을 다한 후에 천상으로 돌아간다는 메시지를 담고자 했던 것으로 시인은 기억하고 있다.

종달새와 더불어 부용꽃은 소년기의 이광운과 청소년기의 이광운을 신비하고 신성한 천상 세계로 인도하고 영혼을 고양하는 역할을 했다고 볼 수 있다. 이로 인해 이광운은 낭만적이고 서정적인 비전을 품게 된다. 하지만 종달새와 부용꽃을 통해 품은 그의 낭만적 비전은 19세기 낭만주의 시인들처럼 관념 세계에 머무르지 않고 지상 세계에 발을 굳게 딛고 있다는 점이 중요하다. 그가 지상의 생명체에 대해 지극한 관심을 지닌 것을 보면 알 수 있는 명백한 사실이다. 이 점이 이광운을 이광운답게 하는 것이다. 이로써 이광운을 이 시대의 새로운 '종달새 시인'이라 불러도 무방할 것이다.

2. 종달새 시인의 서정적 온기

종달새 시인 이광운의 시는 대체로 따뜻하고 부드럽다. 온유돈후溫柔敦厚함을 특징으로 하는 전통서정시가 그렇듯 그의 시 역시 따뜻하고 부드럽다. 따뜻함과 부드러움은 서정시의 본질적이고 고유한 특성이다. 서정시는 사물들간 행복한 만남을 지향하기 때문이다. 다른 말로 표현하면 서정시는 사랑의 시학에 기반을 두고 있다.

> 허락도 없이
> 내 안방에 들어와
> 서성대는
> 봄 햇살에게
> 목례한다
> 당신은 언제나
> 반가운 님이라는
> 마음을 담아
> ―「봄 햇살에게」 전문

봄 햇살이나 봄볕처럼 따뜻한 것이 세상에는 그리 많지 않다. 봄 햇살에는 만물을 소생시키는 힘, 온기가 있다. 봄 햇살은 넘치는 사랑으로 집주인인 시적 화자로부터 허락도 받지 않고 유리창을 통과해서 안방으로 들어와 서성대고 있다. '우리 안방'이라 하지 않고 '내 안방'이라 표현하고 있는 데서 시적 화자가 반쪽짜리의 외롭고 쓸쓸한 삶, 다소 마음이 추운 삶을 살고 있음을 짐작할 수 있다. 그 쓸쓸한 안방에 불쑥 들어온 봄 햇살이 그 방에 있는 모든 사물을 온기로 데워주고 있다. 시들어가는 삶을 소생시켜주고 있다. 그래서 시적 화자는 고마워서 봄 햇살에게 목례를 한다. 너무나도 고맙고

반가운 마음이라 화자는 봄 햇살을 당신이라 부른다. 시적 화자에게 당신은 봄 햇살이기도 하고, 홀로 남은 남편을 잊지 못해 찾아온 아내이기도 하고, 사랑의 하나님, 곧 예수님이기도 하다.

남자가 아내를 잃어버린다는 것은 자신의 반쪽을 잃어버리는 것과 같을 것이다. 어쩜 세상의 반이 아니라 모두를 잃어버린다는 것과 같을지도 모른다. 살아가면서 생의 온기를 가장 많이 잃어버릴 때가 그때가 아니겠는가. 상처한 후 그 후유증을 극복하지 못하면 매우 힘들 수도 있을 텐데 이광운 시인은 잘 이겨내고 있다. 그가 이런 아름다운 서정시를 쓰고 있는 것을 보아서도 알 수 있다. 생의 온기를 회복하려고 노력하고 있다는 뜻이기도 하다. 그는 어릴 때부터 사랑해온 종달새처럼 고상한 노래를 부르며 비상을 꿈꾸고 있다. 이 순간에도 그는 여전히 종달새 시인이고, 죽어서 천국에 갈 때까지 영원히 종달새 시인이다. 시인 이광운이 생의 온기를 잃어버렸다가 다시 찾아 회복하는 모습을 보자.

먼저「사라진 더듬이」이란 작품에서 아내를 잃어버린 자신을 더듬이를 잃어버린 개미에다 비유하고 있다. 더듬이를 잃어버린 개미가 방향감각을 상실하고 제자리에서 맴돌 듯이 아내를 잃어버린 시적 화자는 눈에 보이지 않는 그대 앞에서 갈 바를 모르고 서성이는 그림자 신세이다. 사랑의 상실은 생의 에너지, 즉 온기의 상실로 이어진다. 이러한 온기의 상실은 아래의 작품들에서도 보인다.

> 조그만 수정 전구들 이슬방울은
> 　　아침 햇살로 반짝이다,
> 이내 사라진다 제 몸의 열기로
> 　　—「이슬은」 전문

> 철조망 속 공간은
> 도달할 수 없는 우주다
> 마음 아픈 공간이다
> 단과대 건물 계단 옆
> 위험 방지를 위해
> 쳐 놓은 쇠 그물 안쪽은
> 세상 밖 공간이다
> 　　—「잊혀진 공간」 전문

사랑하는 아내를 잃어버린 시인의 눈에는 인간의 생명이 아침이슬처럼 순식간에 사라지는 덧없는 것으로 비친다. 아침 햇살로 수정 전구처럼 영롱하게 반짝이다가도 이내 사라지는 이슬과도 같다는 것이다. 그 목숨 또한 제 안의 열기가 다 소진되어 사라지는 것이다. 이러한 온기의 상실은 대학 건물 계단 옆 위험 방지를 위해 쳐 놓은 철조망 안에도 보인다. 사람이 출입하지 않는 그곳은 잊혀진 공간이면서 세상 밖 공간이다. 인간이 살지 않는 세상 밖 공간에서는 온기라 곤 느낄 수가 없다. 그리고 이러한 삶의 온기 상실은 「이사」라는 작품에서도 보인다. 문방구점을 하던 정든 이웃이 갑자기 이사를 떠나버리고 남겨진 휑댕그레한 공간에서 마주치는 공허함은 깊은 상처로 남는다. 그러나 종달새를 닮은 시인은 다시금 소생의 에너지, 온기를 회복하기 시작한다.

> 너의 이름을 부르면
> 향기로 응답한다
> 작은 알몸에 돋아난 무수한 열꽃
> 제 몸보다 더 크게 부풀어 오르다
> 제 무게로 내게 살며시 기대어 온다
> ─「히아신스」전문

히아신스는 아주 달고 은근하면서도 강렬한 향기를 풍기는 구근식물이다. 그것이 지닌 둥근 뿌리를 보면 아주 강력한 생명력을 짐작하게 한다. 향기가 짙다는 것은 生의 온기, 열기가 강하다는 것을 알 수 있다. 시인은 히아신스의 향기, 그것이 지닌 생의 온기를 받아들이고자 그것의 이름을 부른다. 그러면 히아신스로부터 강한 생의 온기인 향기가 전해진다. 이때 부르는 이름은 이미 돌아간 아내의 이름이기도 하다. 시인에게 아내는 강한 생의 온기를 전해주는 존재였으니까, 히아신스는 아내의 대체물 역할을 하고 있다.

이 외에도 시인이 생의 온기, 즉 활력을 회복하는 모습은 여러 곳에서 보인다. 「철쭉」이라는 시에는 베란다에 내어놓은 화초들이 한겨울에 거의 다 얼어 죽었는데 철쭉만이 살아남아 파릇한 새잎을 봄 햇살에 반짝이고 있음을 시인이 경이롭게 보고 있다. 철쭉을 통해서 그것이 지닌 강한 생명력과 온기를 전이 받고 싶어 하는 시인의 심정이 엿보인다.

새알이 부화되듯
둥근 과일들도
보이지 않는 날개로
품어 주어야
익어간다
당신도 큰 날개 안에서
참사람으로
다시 깨어난다
—「둥근 과일들도」 전문

새알이 부화하기 위해서는 어미 새가 따뜻하게 품어주어야 하듯, 둥근 과일들도 초월자가 보이지 않는 날개로 품어 주어야 익어간다고 말하고 있다. 아내인 당신도 신의 큰 날개 안에서 참사람으로 다시 깨어난다고 말하고 있다. 기독

교식으로 말하면 신의 사랑으로 부활을 하고 영생을 누릴 수 있다고 말하고 있다. 아내의 부활과 영생을 믿음으로써 자신도 그리될 것을 확신한다고 볼 수 있다. 여기에 이르면 우주만물에 생명과 온기를 주는 이는 절대자라는 사상에 이른다. 하나님의 온전한 사랑만이 모든 생명체가 자신의 생명과 온기를 회복할 수 있게 한다는 믿음에 이른다.

3. 종달새 시인의 생명과 사랑의 노래

모더니즘 해체시가 주로 현대사회와 현대문화의 비인간성과 비생명성을 표나게 강조하는 반면 서정시는 인간성 회복과 생명성 회복을 핵심 미학으로 삼는다. 게오르그 루카치 말대로 하면, 모더니즘 미학은 타락한 시대 타락한 방법으로 저항하는 삶의 방식이다. 그에 비해 생명성을 강조하고 주체와 객체 간 조화롭고 행복한 합일을 지향하는 서정미학은 고상한 것이다. 타락한 시대에 고상한 방법으로 저항하고 문제 해결의 비전을 제시하는 것이다. 그 고상함은 다름 아닌 생명미학에서 온다. 생명미학의 핵심은 생명 있는 것에 대한 인간의 사랑과 사물들 간의 생명적 교류와 교감에 다 들어 있다. 그런 의미에서 서정시학은 사랑의 시학이자 고상한 시학이다.

종달새 시인 이광운의 서정시도 생명미학, 즉 생명에 대한 사랑과 관심, 경외심으로 이루어져 있다. 때로는 생명력이 넘치는 사물들을 보고 자신도 그것들로부터 생명력을 전이 받기도 하고 때로는 생명력이 쇠잔해지는 사물 앞에서 기운이 가라앉기도 한다.

> 풀숲은 붉은머리오목눈이 날갯짓으로 소란하고
> 꽃 덤불은 벌 나비를 안고 춤을 추네
> 산들바람은 숲속 노루귀 꽃잎을 간질이고
> 아카시아 향기는 길손을 멈추게 하네
> 둥지 속 노랑턱멧새는 온 산을 품고
> 새끼 꿩들은 개울물 흐르듯 어미 까투리
> 뒤를 졸졸 따라가고 있네
> 나른한 오후 봄 동산이 꾸벅꾸벅 졸고 있네
> 그대가 깊이 잠든 이곳은
> ―「풍경」 전문

위의 작품에는 생명미학이 아주 잘 드러나 있다. 풀숲은 붉은머리오목눈이 날갯짓으로 소란하고 꽃 덤불은 벌 나비를 안고 춤을 춘다. 아내가 묻혀 있는 봄 동산이 낙원처럼 아름답고 평화롭다. 모든 생명체가 자신이 부여받은 생의 본성을 최대한 발휘하고 있다. 또한 동산의 생명체들은 그들끼리 서로 교류 내지 교감하며 어울려 있다. 너무나 행복하고 평화스러운 분위기라 동산 전체가 꾸벅꾸벅 졸고 있다. 그 속에서 아내가 깊이 잠들어 안식하고 있다. 이러한 영면에의 소망은 부활과 영생의 꿈으로 이어진다. 죽음의 세계조차 아름다운 향기가 나는 낙원으로 해석할 수 있는 점으로 보아 이광운 시인은 기독교적인 생명미학을 소지하고 있음을 볼 수 있다. 성경 이사야서에도 이와 비슷한 장면이 나온다. 성경을 기반으로 하는 이러한 긍정적 에너지가 이광운 시인의 건강한 삶을 받쳐주고 있음을 알 수 있다.

그런데 아무리 믿음이 좋고 영성이 깊은 사람이라도 누구나 기운이 가라앉을 수 있다. 인간이기 때문이다. 그래서 더욱더 신을 찾고 신에 의지하게 된다.

> 지난봄에 함께 왔던
> 청도 산비탈 복숭아밭
> "무릉도원이 따로 없네." 라고
> 말 건넬 사람은 간 곳 없네
> 늘상 내 등 뒤에서
> 콧노래 부르던 그 사람은
> 이제 보이지 않네
> 맑은 날인데도 화려한 꽃조차

흐릿하기만 하고
  기쁨도 설렘도 사라졌네
   ―「복숭아밭」 전문

 화자는 지금 경북 청도에 복숭아꽃을 보러왔는데 기분이 울적하기만 하다. 작년 봄에는 사랑하는 아내와 같이 와서 무릉도원 같은 복숭아밭에서 즐겁고 행복한 시간을 보냈는데, 항상 화자의 등 뒤에서 콧노래로 흥을 돋우던 이가 지금은 옆에 없기 때문이다. 그리하여 맑은 날인데도 화려한 복숭아꽃조차 흐릿하기만 하고 기쁨도 설렘도 사라졌다.
 이러한 상황에서는 최대한 빨리 벗어나는 것이 지혜롭다. 인생이 아무리 덧없고 허무하다 해도 끝까지 최선을 다해 사는 것이 허무를 극복하고 삶을 성공적으로 마무리하는 길이기 때문이다. 때로는 생에의 미련이 집착이어도 좋다. 집착하지 않고 인생에서 뭔가를 이루어낼 수 있겠는가. 사랑 또한 마찬가지다. 깊은 사랑을 해본 자만이 사랑이 덧없다고 말을 하지 않는다.

  미라가 되도록
  꽃대에서 떨어질 줄 모르는
  금새우난 꽃잎 하나
   ―「미련 1」 전문

죽어서도 펴지 못하는
메마른 손마디
벽을 움켜쥐고 풍화되는
담쟁이덩굴
　—「미련 2」 전문

이승을 뜨지 못한 혼령들의
긴 흐느낌,
갈대 소리
　—「미련 3」 전문

　미라가 되도록 꽃대에서 떨어질 줄 모르는 금새우난 꽃잎 하나, 처연함을 넘어 눈물 나게 감동적이고 아름다운 장면이다. 이런 장면을 통해서 시적 화자는 생의 의지를 다잡을 수 있다. 사람은 죽으면 손을 펴고 간다. 다 내려놓고 간다는 상징이기도 하다. 그런데 지금 화자가 바라보고 있는 담쟁이덩굴은 죽어서도 메마른 손마디를 펴지 못하고 있다. 벽을 움켜쥐고 그대로 풍화되고 있는 모습에서 생명에 대한 인간의 미련과 집착이 장엄함을 넘어 신성하기까지 해 보인다. 그러한 미련과 집착마저 無로 만들어버리는 죽음 앞에서 이승을 뜨지 못한 혼령들의 긴 흐느낌을 갈대 소리를 통해 듣고 있다. 이 연작 3편은 절창이다.

이 시집 속의 백미白眉는 역시 표제작인 「그대 내게 올 수 없지만」이다.

그대 내게로
올 수 없지만

나는 그대에게
갈 수 있어

그대 만나러 가네
　오늘도
　내일도

　그날까지
　―「그대 내게 올 수 없지만」 전문

이 작품은 아내를 잃고 난 뒤에도 아내를 향한 지아비의 변함없고 영원한 사랑을 노래하고 있어 읽는 이를 숙연케 한다. 전혀 꾸밈이 없는 진솔한 문장이 생로병사를 겪어야 하는 모든 사람의 심금을 울린다. 비록 아내는 자신을 만나러 올 수 없지만, 화자인 시인은 언제나 사랑하는 아내를 만나러 갈 수 있다. 마음으로도 갈 수 있고, 꿈으로도 갈 수 있다. 걸어서 갈 수도 있고 차를 타고도 갈 수 있다. 시인은 오늘도 내일도 아내를 만나러 간다. 천국에서 만날 그날까지 만나러 간다. 사랑의 힘은 이렇게 위대한 것이다. 사람과 사람을 이어주고 엮어주는 것으로 사랑만한 게 있을까. 개인과 개인 간, 계급과 계급 간, 국가와 국가 간, 인종과 인종 간 증오와 적대감을 해소할 수 있는 것은 오로지 사랑뿐이다. 이러한 사랑을 토대로 쓰여진 서정시야말로 가장 강력한 무기다. 서정시에는 생의 온기도 있고 촉촉한 물기도 있다. 생명체의 서식에 꼭 필요한 이 온기와 물기에는 온갖 비인간적이고 비생명적인 것들을 녹이고 허물어버리는 힘이 있다.

※ 해설 2

쉽고 짧지만 긴 여운을 주는 시, 현대판 순애보 사부인곡을 만나다

손수여 (시인·문학평론가)

1.

이광운 시인은 첫 한영시집 『그대 내게 올 수 없지만』을 상재했다. 그와의 인연은 아주 특별하다. 필자가 고락을 함께 해 온 단체, 문학단체 중 가장 열정을 쏟고 있는 국제펜한국본부 대구지회에서 작품 번역에 도움을 주고 계시는 분이다. 한권의 시집을 만난다는 것은 결코 우연한 일이 아니다. 시집에는 그의 인생 전부와 내면이 담겨 있다. 시집을 읽으면 그 편편들, 숨겨진 시인의 내면을 훔쳐보는 매력에 빠진다. 비교적 쉽고 짧지만 긴 여운을 주는 절제미가 돋보이는, 개성이 있는 시편들로 이루어진 그의 시집은 지난해 아내를 잃은 슬픔과 그리움이 행간에 배어 있는 '망부가亡婦歌', 또는 '사부인곡思夫人曲'이라 할 수 있다. 슬픔의 감정을 누르고 숙성시켜 빚어낸 시인의 시는 마치 영국 낭만시인 윌리엄 워즈워드(William Wordsworth 1770 -1850)가 "시란 힘찬 감정의 발로이

며, 고요로움 속에 회상되는 정서에 그 바탕을 둔다,"고 했던 것을 상기시킨다.

2.

이제 그의 시편 중에서 필자가 임의로 선정한 서너 편을 살펴보기로 하자. 먼저 그의 시 「망각」을 보자. 이 시는 대화의 한 순간을 포착한 것이다. 말하자면 시인의 끈질긴 근성이 마침내 작품 하나를 해내고 말았다. 마치 '놓치지 않은 찰나가 명작을 낳는다'고 했던가. 이 네 줄의 짧은 시 망각」이 그렇다. 아이의 질문에서 시적 화자는 관찰자로서 '망각' 곧 "잊어버리는 것은" 우리가 언어생활로부터 기억 속에서 "지워지는 것인지, 숨어 있는 것인가를" 스스로 확인하는, 말하자면 공자나 플라톤의 대화론 기법인가 말이다.

> 아이가 내게 묻는다
> 잊어버리는 것은
> 지워지는 것인지
> 숨어 있는 것인가를
> ―「망각」 전문

다음은 그의 시중에서 유학 중에 쓴 「소넷 2」를 살펴보기로 하자.

  자줏빛 황혼을 드리울 때면
  내 가슴은 수많은 지층을 뚫고 솟아오른
  온천수처럼 뜨거운 수증기를 뿜어냅니다
  그대 향한 마음이 무거워져
  퇴적암이 되었나니 그대 없는
  내 가슴은 침식되어 버릴 것 같소
  나는 겨울나무처럼 앙상하고
  초승달처럼 야위었으니
  사랑으로 보름달 같기를 원하오
  때가 되면 우리 고향 집에서 해후할 것이니
  내 사랑의 옷을 입고 지내시구려
   그대는 나의 나무가 여름에는 잎이 무성해지고
   가을이면 많은 열매를 맺는다는 것을 알고 있으니
  ―「소넷 2」 전문

 위의 시는 이광운의 시작노트에서도 밝혔듯이 그가 "미국 유학시절, 세익스피어 시간에 과제로 쓴 것"이라 했다. 「소넷 Sonnet 1, 2」는 이미 36년 전 사정상 아내와 서로 떨어져서 살 때 아내에게 쓴 시이지만 '아내에 대한 연민과 사랑이 간절한 기도문'처럼 느껴졌다. 누구에게나 만남이 있으면 반드시 이별이 있는 법, 사별을 예견이나 착각에 빠지기라도 한 듯 애틋함이 묻어나는 '사부인곡思夫人曲'이다.

그의 가슴이 얼마나 뛰었으면 "지층을 뚫고 솟아오른 온천수의 수증기"에 비유했을까. 그는 "그대 향한 마음이 무거워져/ 퇴적암이 되었나니 그대 없는/ 내 가슴은 침식되어 버릴 것 같소"라는 일상에서 그리움으로 수축된 자신을 "나는 겨울나무처럼 앙상하고/ 초승달처럼 야위었으니/ 사랑으로 보름달 같기를 원하오"라고 했다. 그리고는 희망을 잃지 아니하고 귀국해 고향집에서 해후할 때까지 "내 사랑의 옷을 입고 지내시구려." 당부도 잊지 않았다. 이 시인은 D. H 로렌스의 연구 이전에도 소넷 같은 사랑시를 쓸 잠재성을 보인 것이다.

다시 이 시집의 표제어이기도 한 시 「그대 내게 올 수 없지만」을 보자.

그대 내게로
올 수 없지만

나는 그대에게
갈 수 있어

그대 만나러 가네
  오늘도
  내일도

그날까지
— 「그대 내게 올 수 없지만」 전문

먼저 떠나간 아내에게 보내는 이보다 더 진솔하고 곡진한 표현이 어디에 있겠는가? 현대는 고령화 사회이다. 달리 '백세시대'라고 한다. 그럼에도 시인의 아내는 환갑을 지나 이순 중턱을 넘기지 못하고 세상을 떠났다. 하늘이 무너지듯 어찌 원망인들 없겠는가. 그러나 떠나는 사람인들 오죽하면 사랑하는 자식과 반세기를 함께해 온 남편을 두고 갔겠는가. 그 마음을 헤아리는 시인은 망자에게도 서운할까 봐, 혹은 토라질까 봐, 원망하기 보다는 "그대 내게로/ 올 수 없지만/ 나는 그대에게/ 갈 수 있어/ 그대 만나러 가네/ 오늘도/ 내일도/ (중략)/ 그날까지"라고 여덟 줄의 열여섯 어절의 짧은 시이지만, 절절함이 묻어난다. 키츠(John Keats)가 자신의 문학에서 세익스피어를 작가의 전범으로 삼았던 것처럼 개성이 강한 유형의 시인이 스스로 그의 마음 비우기의 경지에 들었다고나 할까. 그래서 시인은 '영원히 아내 곁에 가는 그날까지' 그대 만나러 가겠다고 내세와 이승을 초월하듯, 밤마다 꿈속을 헤매듯 겹쳐져(over lapping) 상상하게 만든다. 가히 현대판 순애보 '망부가亡婦歌'의 백미白眉라 할 수 있다.

3.

그는 이른 가을밤 울어대는 귀뚜라미의 소리에서 홀연 깨달음을 얻는다. 다음은 색다른 또 한편 「귀뚜라미」를 보기로 하자.

낮에 지은
죄 때문에
한밤에 잠 깨어
울고 있구나
　　—「귀뚜라미」 전문

위의 시는 이광운 시집에서 뽑은 짧고 쉬운 시의 석권이다. 보는 바와 같이 아홉 낱말의 4행으로 이루어진 시이지만 한 줄로도 가능한 촌철살시寸鐵殺詩이다. 미물에 지나지 않는 '귀뚜라미'가 한밤중에도 '뛰르르 뛰르르'우는 야행적 습성을 살려 쓴 흥미로운 시이다. 이 시를 통해서 필자는 이런 생각을 해 보았다. 세상에 법 없이도 죄를 범하지 않고 자유롭게 살 수 있는 사람이 얼마나 될까? 자기 자신도 모르는 사이에 크고 작은 행위로 법을 지키지 않을 때가 있다. 하루를 마감하는 시간, 잠자리에 들기 전에 돌아보는 자성自省의 시간이다. 먹고 살기 위해서 낮에 지은 죄업을 속죄하려고 잠잘 시간을 줄여가면서 '울음'에 '참회'의 의미를 부여한 것이다.

시적 화자는 귀뚜라미를 그대로 사람에게 대비시키듯 의인화 한 것이다. 마치 속죄와 반성 없는 인간사회를 풍자하기도 하고 특별한 신자의 '고해성사告解聖事' 같은 의미를 짚어본다. 시인의 이런 순수한 마음을 표현한 시가 우리 사회에 널리 보급되기를 기대한다. 범행이 날로 흉포화 되어가고 도덕성 결핍의 사회를 정서적으로 치유해서 건강한 사회로 지탱해 가는 자생력을 갖기 위해서는 더욱 그렇다.

이제는 아내와 자신의 자유로운 영혼을 위하여 집착에서 더 내려놓고 기왕 들어선 길, 자연 친화적 절제미가 돋보이는 서정시 세계의 구축을 위한 속편이 기대되는 것은 그의 탄탄한 필력을 믿기 때문이다. 아내에게 바치는 옥동자의 탄생을 마음껏 감축한다.

현대시학시인선 121

그대 내게 올 수 없지만

초판 1쇄 발행	2023년 7월 25일

지은이	이광운
발행인	전기화
책임편집	고미숙

발행처	현대시학사
등록일	1969년 1월 21일
등록번호	종로 라 00079호
주소	서울시 종로구 계동길 41
전화	02.701.2341
블로그	http://blog.daum.net/hdsh69
이메일	hdsh69@hanmail.net
배포처	(주)명문사 02.319.8663

ISBN	979-11-92079-78-3 03810

○ 책값은 뒤표지에 있습니다.
○ 이 책의 판권은 지은이와 현대시학사에 있습니다.
  이 책 내용의 전부 또는 일부를 재사용하시려면 반드시 양측의 서면 동의를 받아야 합니다.
○ 잘못 만들어진 책은 구입하신 서점에서 교환해드립니다.